ESTRA
TEGA 2

A Yane, mi esposa
Tu entusiasmo lo hizo posible

Acerca del autor

Psicólogo, analista de conducta, preparador mental de deportistas de alto rendimiento. Experiencia en dirección del Capital Humano, Calidad e Inversiones con empresas del sector siderúrgico y petrolero. Vicepresidente del Grupo Industrial Siderúrgico ACINOX en 2015. Consultor de empresas petroleras o asociadas a la siderurgia, emprendedores y pequeños empresarios privados.

Autor de variadas publicaciones relacionadas con la excelencia empresarial.

Información de contacto:

rodecastellanos@gmail.com
https://www.linkedin.com/in/rodeloy-castellanos/

PRÓLOGO

"¿Qué sentido tiene correr si vamos en la dirección equivocada?"
Proverbio alemán

Disfruté escribiendo este libro. De alguna manera resume numerosas lecturas, estudios y experiencias a lo largo de los años. Siento que me hubiera encantado tenerlo cuando comencé a recorrer el mundo empresarial.

Hay en él vivencias y certezas de lo que considero es un buen negocio y, a su vez, compendia en pocas páginas la mayoría de los temas que pueden determinar la competitividad de una organización y son expresión de un pensamiento avanzado.

Este libro se concentra en cómo hacer crecer nuestros emprendimientos. Una importante sección está dedicada al Plan de Negocio, y podría decir que funciona como una suerte de columna vertebral a lo largo de la obra. Desde allí entraremos en temas como el marketing (posicionamiento, precios, psicología de las compras), calidad y fidelización de clientes, estrategias de negocios y administración de proyectos inversionistas.

ESTRATEGA2 es una necesaria continuación a un trabajo precedente: *Estratega. Pensamiento, Herramientas y Acción*, logrando de conjunto proveernos de un imprescindible bagaje gerencial.

Rodeloy Castellanos Cruz
Cutler Bay, Florida, abril 2020

CONTENIDO

CAPÍTULO 1. ESTRATEGIAS DE CRECIMIENTO

"El futuro no se prevé, se prepara"
Maurice Blondel

Empresa y negocio.

La palabra "empresa" tiene una variedad de significados: riesgo, aventura, trabajo duro, cometido, tarea, misión... Cuando estamos por comenzar un proyecto difícil se nos puede escapar la frase: "Qué gran empresa tenemos por delante".

Por otra parte, y dada esta misma connotación del término, también podemos entender que la empresa es la organización social que hemos creado para desarrollar nuestros negocios. Sea una fábrica, una instalación de servicios, una agencia. Podrá tener diferente tamaño (incluso ser unipersonal), variada estructura interna o forma jurídica (LLC., INC., etc.) y va a recibir un nombre que le confiere su personalidad y representación legal (establecerá contratos, pagará salarios e impuestos).

Todos los que nos motivamos a crear una empresa somos de alguna forma Emprendedores y esto es fantástico. Al fin y al cabo, se trata de una aventura y, aunque para algunos la palabra empresario parece grande, también ganamos al menos tentativamente el derecho a llamarnos Empresarios.

Digo tentativamente porque el "espíritu empresarial" está impregnado de todo el significado de la palabra Empresa. Basta que perdamos nuestra actitud aventurera, abandonemos nuestra disposición al riesgo, el compromiso, el sentido de misión y perseverancia, y habremos dejado

6

de ser empresarios. Nuestra empresa seguirá allí, aunque probablemente con sus días contados.

Ahora bien, a veces llamamos a nuestra empresa Negocio, "nos vemos en mi negocio", decimos normalmente, pero conviene que veamos la diferencia.

Un negocio es la manera que hemos ideado para ganar dinero. Un negocio no es cada transacción que hacemos, es el concepto y el mecanismo que hemos montado para crear, entregar y capturar valor.

Entonces, ¿en qué negocio estamos? Responder correctamente a esta pregunta es vital.

Hay quienes todavía hoy acostumbran a definir un negocio:

Por la Capacidades del Recurso (Valor).

- ✓ Zapatos de cuero hechos totalmente a mano con un alto precio.
- ✓ Zapatillas deportivas de producción en serie a bajos precios.

Por la actividad programada (Valor de uso).

- ✓ Zapatos clásicos para eventos formales.
- ✓ Zapatillas para la industria deportiva.

Una definición del negocio orientada al producto se concentra solo en la venta de productos y en los mercados atendidos. Este enfoque opaca la función de la nuestra empresa, que consiste en satisfacer las necesidades del cliente.

Un producto es solo la manifestación física de nuestra capacidad de aplicar una habilidad particular a fin de satisfacer la necesidad específica de determinado grupo de clientes.

Si nos quedamos centrados en el producto con seguridad vamos a ser sorprendidos por cambios de demanda debido a la aparición de proveedores de productos y servicios sustitutos (hacen lo mismo de diferente manera), pudiendo descubrirnos obsoletos y enfrentados a una discontinuidad tecnológica a la que no sobreviviremos.

Según D. F. Abell, en su libro "Definiendo el Negocio: El punto de partida del planeamiento estratégico" (1980), la manera estándar de observar un negocio en sólo dos dimensiones (productos y mercados) tiene serios defectos.

Para resolver este problema Abell desarrolló un Modelo Tridimensional de Negocio que continúa siendo una excelente manera de definir el negocio en que estamos o queremos estar.

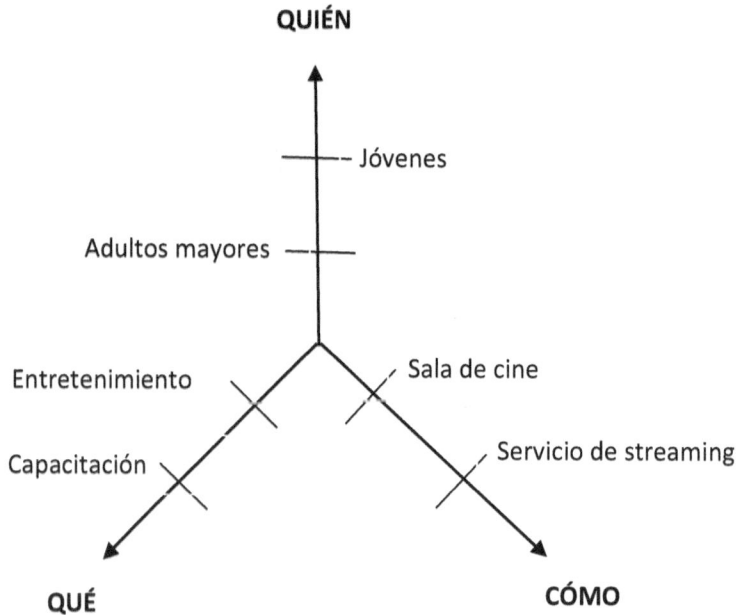

De acuerdo con este modelo un negocio lo definen (en este orden):

1. Cuáles son los grupos de clientes atendidos (a quién se satisface).
2. Cuáles son las necesidades del cliente (qué se satisface).
3. Tecnologías utilizadas (cómo se satisfacen las necesidades de los clientes).

Cuando tratamos de responder a la primera gran pregunta de todo empresario: ¿en qué negocio estamos?, el enfoque central son los clientes particulares y la manera también particular en que podemos satisfacerlos.

De verás hay un cambio de paradigma y quizás por eso el Modelo de D. F. Abell sea tan popular. Desde este punto podemos generar muchísimas ideas de nuevos negocios o reinventar y diversificar lo que ya hacemos.

Veamos un ejemplo. La misión de Disneyland es *"Divertir a la gente"*. Como el enfoque no está en el producto, esta extraordinaria empresa pudo pensar en divertir usando muchas tecnologías diferentes: cine, parques temáticos, cruceros, juguetes…, y también pensó en la manera de divertir a los chicos, a sus padres, en fin, la forma de entender su negocio le permite no morir con el producto sino reinventarse e incrementar el valor entregado al cliente.

Tres estrategias crecimiento.

En un trabajo anterior[1] abordamos en forma bastante abarcadora como desarrollar una estrategia corporativa o empresarial. Ciertamente es un

---

[1] ESTRATEGA. Pensamiento, Herramientas y Acción. ISBN 9781549791222.

proceso complejo que necesita una adecuada conducción o todo lo que hagamos de ahí en adelante estará seriamente comprometido.

Puede suceder también que tengamos que revisar el o los negocios en marcha y tomar decisiones que no implican crecimiento, sino desinversión. Esta situación la trataremos en el capítulo 7: "Análisis de Cartera", donde desarrollamos una herramienta que permite precisar hasta nueve posibles estrategias.

Ahora nos concentramos en seleccionar la estrategia de crecimiento más apropiada a nuestro negocio. Existen tres maneras básicas:

- ✓ Crecimiento intensivo (crecer dentro de los propios negocios).

- ✓ Crecimiento integrado (construir o adquirir negocios que se relacionan con los actuales de la empresa).

- ✓ Crecimiento diversificado (identificar nuevas oportunidades que no se relacionan con los negocios actuales de la empresa).

Crecimiento intensivo.

Lo primero es evaluar si existe oportunidad de mejorar los resultados de los negocios actuales.

Igor Ansoff propuso hace años una estructura muy útil para detectar nuevas oportunidades de crecimiento intensivo (tres de los cuatro cuadrantes de la matriz).

Matriz de estrategias de crecimiento intensivo (Ansoff)

	Productos existentes	Productos nuevos
Mercados existentes	**Estrategias de penetración de mercados**	**Estrategias de desarrollo de productos**
Mercados nuevos	**Estrategias de desarrollo de mercados**	Estrategias de diversificación

Estrategias de penetración de mercados.

Se buscan formas de incrementar la cuota de participación de sus productos en los mercados actuales a través de tres caminos principales:

- ✓ Convencer a los clientes para que consuman más.
- ✓ Intentar atraer a clientes de la competencia si se capta alguna debilidad.
- ✓ Convencer a consumidores potenciales para que inicien el consumo.

Estrategias de desarrollo de mercados.

Se pueden buscar nuevos mercados cuyas necesidades puedan ser satisfechas con los productos de la empresa. Junto al mercado detallista puede incluirse el mayorista, clientes institucionales, etc.

Puede también explorarse nuevos canales de distribución (ejemplo: comida a domicilio, masajes en casa, etc.)

Por último, podría considerarse vender en nuevas zonas o incluso fuera del país.

Estrategias de desarrollo de productos

Posteriormente la empresa puede considerar nuevas posibilidades para sus productos, expandiendo el producto, estableciendo diferentes niveles de calidad, investigar tecnologías alternativas.

Crecimiento integrado.

✓ Integración vertical hacia adelante (adquirir una mayorista o minorista de alta rentabilidad).
✓ Integración vertical hacia atrás (adquirir un negocio suministrador).
✓ Integración horizontal (adquirir negocios de la competencia).

Crecimiento diversificado.

Este crecimiento adquiere pleno sentido cuando pueden encontrarse buenas oportunidades fuera de los negocios actuales. Pueden considerarse tres tipos de diversificación:

✓ Concéntrica (sinergias tecnológicas y/o de marketing con productos actuales)
✓ Horizontal (nuevos productos que interesen a sus consumidores actuales, a través de una tecnología nueva: vendo discos, incluiré porta discos)
✓ Conglomerado (no guarda relación ni con la tecnología ni con los mercados actuales)

CAPÍTULO 2. PLAN DE NEGOCIO

"Si no sabes a dónde vas, cualquier camino te sirve"
Lewis Carroll

"Si no sabes a dónde se dirige tu barco, ningún viento te será favorable"
Séneca

"Si no sabes a dónde vas, probablemente acabarás en otra parte"
Laurence J. Peter

"Si no sabes a dónde vas…" tomaremos cualquier camino, no veremos las oportunidades, acabaremos en cualquier parte. Esto es una verdad de Perogrullo que a veces de vivir tan de prisa, nuestra sociedad posmoderna nos hace olvidar.

Y si hablamos de negocios la regla aplica, sólo que en este caso sucede algo curioso, es muy común encontrar a emprendedores que sin percatarse han malentendido el espíritu empresarial y apuestan a la suerte, la intuición, a una falsa creencia mesiánica.

Es como si el *insight* nos dejara deslumbrados. La idea de negocio es perfecta, nos enamoramos de ella platónicamente y nos resulta engorroso someterla a crítica.

Además de esta ligazón afectiva con la idea de negocio que se nos ha ocurrido, y que ciertamente es un momento casi mágico, por lo general tampoco conocemos la tecnología para pasar de la idea a los hechos y saltamos todas las etapas.

En este capítulo encontraremos justo eso, cómo preparar un Plan de Negocio.

13

¿Qué es un Plan de negocio? Esta herramienta nos permite pasar de la idea de negocio a la operación, convencer a otros de financiar o asociarse a nuestro emprendimiento, un documento simplemente rector para cualquier empresario.

Veremos a continuación todos los momentos que tendremos que recorrer para lograr un planteamiento de negocio efectivo.

I. Resumen ejecutivo.

Esta es la primera sección de Plan de Negocio, pero realmente la escribiremos al final. Se trata de resumir en una cuartilla los aspectos esenciales del negocio. Este resumen venderá el negocio a todas las posibles partes interesadas, socios, inversionistas, implementadores.

II. Concepción del Negocio.

El concepto del negocio esclarece cómo es que crea y captura valor este emprendimiento. Existe una variedad de Modelos de Negocio, cada uno de ellos tiene la cualidad de producir ingresos, y generalmente se pueden combinar para crear modelos híbridos. A continuación, algunos modelos, desde los tradicionales hasta los que parecen más novedosos al calor de las nuevas tecnologías.

Modelo de compra - venta.

El modelo de negocio más conocido y seguramente más tradicional es el de la compra - venta, en donde el vendedor le cobra al comprador un porcentaje sobre la tarifa correspondiente a la transacción realizada. En este caso, muchos vendedores trabajan con un alto volumen de producción y bajo volumen en costos operativos, con la finalidad se poder entregar el producto al mejor precio negociado y maximizar utilidades.

Modelo de distribución.

El modelo de negocio de distribución suele parecerse mucho a la forma de venta por catálogo en la cual se conecta una gran cantidad de productores con sus respectivos productos para poder ofrecérselo a los compradores tanto en venta mayorista como minorista. Respecto al modelo anterior, el modelo de distribución evita los riesgos operacionales y financieros propios de la producción o la prestación de servicios, pero a cambio necesita estar muy bien conectado en el mercado.

Modelo Franquicia.

En su tiempo este fue un modelo innovador. Hoy todo el mundo sabe qué es una franquicia. Consiste en alcanzar acuerdos con terceros para que vendan nuestros productos, utilizando nuestros métodos comerciales, nuestra marca y nuestra imagen de empresa, a cambio de un porcentaje sobre la facturación y/o un canon fijo.

Modelo del Cebo y el Anzuelo.

Este modelo consiste en la que un producto inicial es vendido a bajo precio pero los recambios u otros productos complementarios vendidos a continuación se venden a precios superiores. Esta se ha convertido en una táctica casi universal para las impresoras domésticas en la que los cartuchos de tinta cuestan precios muy altos en comparación con los de las impresoras.

Modelo de suscripción.

Se utiliza en un gran número de negocios, desde un gimnasio o un periódico, donde el cliente paga por el acceso a un producto o servicio con una periodicidad fijada y acordada de antemano.

Cualquier modelo de suscripción se basa en encontrar un patrón de compra que sea repetitivo y periódico.

Luego puedes hacer *Up selling* (venderle un producto o servicio más avanzado y sofisticado) y *Cross selling* (venta cruzada) y decirle al cliente que por sólo X cantidad adicional le puedes enviar otros productos.

Es un modelo con el que tienes atrapado a los clientes durante mucho tiempo. De hecho, en la actualidad podemos no saber cuántas suscripciones tenemos activas, sobre todo si se trata de productos y servicios online.

La idea central en este modelo de generación de ingresos es encontrar un patrón de compra repetitivo y periódico, pero si no existe, podemos crearlo.

Algunos ejemplos:

"... y el emprendedor propuso hacer dentro del restaurante un club de maridaje de vinos, con catas, alquiler de espacio en su bodega para guardar los vinos de los clientes, eventos en los que el vino es el elemento central", todo eso utilizando un modelo de suscripción al club.

"Yocomobien es una plataforma en la que se suscriben sus clientes para recibir en casa todos los lunes una cesta con la comida de la semana elaborada por dietistas".

Modelo de afiliación.

A grandes rasgos, consiste en incitar a otros a que compren productos y/o servicios de terceros a cambio de una comisión por la venta.

Este modelo consiste en dar, desde tu plataforma, exposición de productos de terceros y clientes interesados. Es un ganar - ganar entre tu plataforma y la empresa propietaria de ese producto, porque es una venta que posiblemente esa empresa no cerraría y gracias a ti consigue visibilidad.

Modelo "PEER TO PEER" (P2P)

Desarrollo de plataformas que ponen de acuerdo a iguales (particulares) para que intercambien (alquilen, compren y vendan) productos y servicios y comisionan una parte por los servicios realizados. Se acuerda un precio por el servicio y me llevo un porcentaje.

Dos referencias emblemáticas son TaskRabbits, que comercializa tareas y servicios enlazando proveedores y clientes atendiendo a la demanda local, y Airbnb, una solución para la renta de casas de vacaciones. Este modelo se ha copiado para botes, autos, etc.

Modelo de generación de "leads".

Una plataforma donde particulares demandan profesionales, por ejemplo, de reformas del hogar. La plataforma, que ha conseguido reunir a muchos usuarios necesitados de que alguien les reforme parte de su casa, capta a profesionales para que tengan acceso a ofertas de trabajo cercanas a su zona.

Lo que hacen es unir la oferta con la demanda y cobran por eso. Los usuarios que demandan una reforma entran gratis. Los profesionales pagan por estar dados de alta en la plataforma y otro tanto por recibir leads, es decir, ofertas de trabajos en su zona. El profesional recibe las propuestas y compra las que le interesa con más datos del posible cliente. La plataforma no entra en que demanda y oferta cierren el trato, es decir, que por el acuerdo entre las partes no se lleva nada.

Este modelo pone en contacto a particulares con profesionales que demandan trabajo.

En el momento en el que haya gente que demanda algo y gente que lo ofrece se puede aplicar el modelo de generación de leads. El problema de estos modelos es que sólo funcionan bien cuando están relacionados con actividades donde se pague bastante dinero. Si es poco dinero y es recurrente, es cierto que se consigue dinero la primera vez, pero luego es más complicado mantenerlo.

Un ejemplo híbrido sería cuando un particular contrata a un profesional, para efectuar la reserva debe pagar el 20% del servicio a la plataforma, y el resto se lo paga en mano al profesional.

Este negocio mezcla un componente de generación de leads, al ofrecerle al profesional "peticiones cualificadas de trabajo", y otro de servicios peer to peer, porque actúa como una especie de mercado donde se hacen negocios.

Modelo Freemium.

Es un modelo muy escalable, pero a la vez muy costoso de mantener para que sea viable. Consiste en tener una gran masa de usuarios que consume tu producto y/o servicio de forma gratuita y unos pocos clientes de pago que sustentan al resto.

Para que funcione, el modelo freemium requiere grandes inversiones. Atraer usuarios durante mucho tiempo hasta que llegues al punto crítico de conseguir esos pocos clientes premium que costearán a la gran masa de usuarios free.

Otro aspecto que cuidar mucho es el hecho de ofrecer algo gratis –con el objetivo de captar grandes masas de usuarios para luego convertir a unos cuantos en premium– no quiere decir que le des cualquier cosa, porque si quieres convertir a parte de esos usuarios en clientes que paguen, tendrás que convencerlos con algo –una propuesta de valor– de calidad.

La parte free que ofreces es de gran calidad y consigue tener enganchados a una masa de usuarios gratuitos. La estrategia está luego en convencer con buenos argumentos de que algunos de esos usuarios gratuitos se conviertan en premium.

III. Análisis del entorno.

El valor de nuestra idea y concepto de negocio es relativo, depende del ambiente. El negocio tendrá que existir en un *Entorno Competitivo Inmediato*, que abarca entre sus actores a quienes compiten por el mismo mercado, a proveedores, clientes, entrantes potenciales y los productores de sustitutos (repitiendo las *Cinco Fuerzas* de M. E. Porter, 1985).

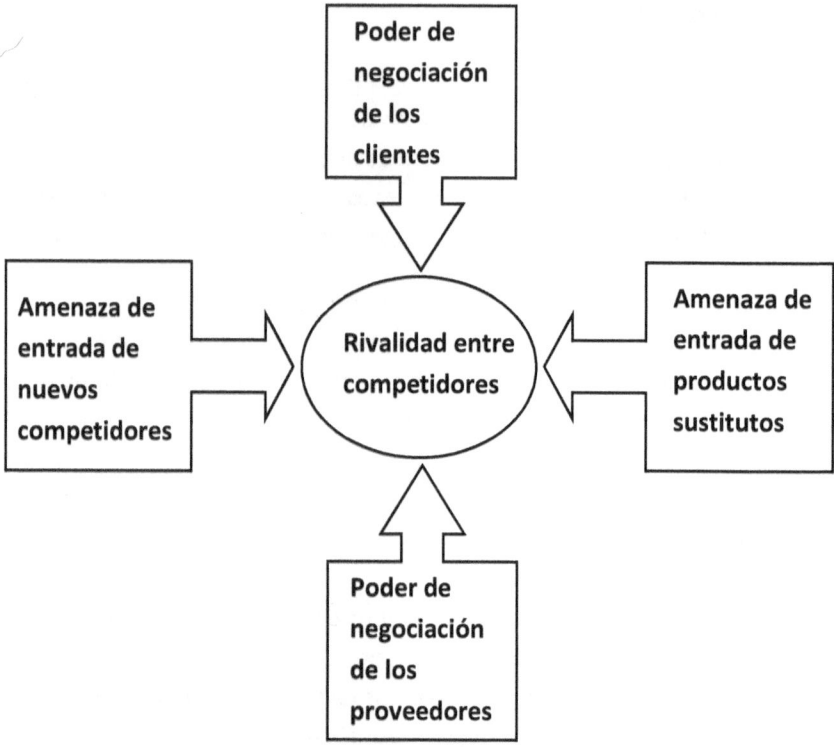

Según M. Porter, estas 5 fuerzas son los determinantes del atractivo estructural de un mercado. Cuánto ganaremos por cada dólar vendido dependerá de estas cinco grandes fuerzas y necesitamos saberlo de antemano para que la decisión de invertir sea bien informada. Revisemos someramente cada una de estas fuerzas del mercado.

La amenaza de nuevos competidores.

✓ Barreras legales: allí donde pueda haber barreras legales para poder competir lógicamente menos posibilidades habrá de nuevos competidores.

20

✓ Necesidad de Economía de Escala: si el negocio necesita un volumen de ventas elevado para ser rentable al abaratar los costes a medida que se incrementan los pedidos eso hace que en ese sector la amenaza de nuevos competidores será menor.

✓ Marcas consolidadas: donde existan marcas consolidadas y fuertes habrá menos posibilidades de que entren competidores o al menos que la amenaza de estos será menor.

✓ Costo de cambiar de compañía: cuando el cambiar de una compañía a otra el supone un costo a los clientes, la amenaza de nuevos competidores será menor (ejemplo: los clientes tienen periodos de permanencia contratado).

✓ Necesidad de Capital: a mayores necesidades de capital menos posibilidades hay de que entren nuevos competidores.

✓ Acceso a la distribución: donde el acceso a la distribución sea más difícil menos probabilidades hay de que entren nuevos competidores.

Poder negociador de los clientes.

✓ Donde hay muchos costos fijos el poder de los clientes será mayor

✓ Cuanto más volumen nos adquiera un comprador mayor será su poder negociador.

✓ Si el cliente puede cambiar fácilmente de compañía mayor será su poder de negociación.

✓ Si hay productos sustitutivos y el cliente los puede adquirir con facilidad mayor será su poder.

✓ Si la sensibilidad del comprador al precio es alta mayor será su poder de negociación.

✓ Si contamos con una ventaja real o percibida como diferencial por parte de los clientes (exclusividad del producto o servicio) mayor será nuestro poder.

Amenaza de nuevos productos o servicios sustitutos.

En este punto comenzaremos a tener serios problemas cuando exista un producto sustituto o bien sensiblemente más barato o bien que cumplan las expectativas de los clientes de una manera más eficaz (retomando lo que decíamos del concepto del negocio).

✓ Si el comprador no es propenso a sustituir la amenaza de productos sustitutivos será menor.

✓ Si el precio de los productos sustitutivos es muy superior a los nuestros la amenaza de estos productos será menor.

✓ A mayor facilidad de cambio mayor amenaza de productos sustitutivos.

✓ A mayor nivel de diferenciación de los productos menor será la amenaza de los productos sustitutivos.

Poder negociador de los proveedores.

Cuanto más necesitemos a nuestros proveedores mayor será su poder de negociación en detrimento del nuestro.

22

✓ Cuanto más fácil sea cambiar de proveedor para nosotros o menor sea el costo de dicho cambio, menor será el poder de negociación de los proveedores.

✓ Si el proveedor cuenta con productos muy diferenciados, disfrutará de un mayor poder de negociación, por el contrario, si comercializa productos comodotizados[2] su poder de negociación será menor.

✓ Si hay productos sustitutos el poder de los proveedores será menor.

✓ Cuantos menos proveedores haya en el mercado mayor será su poder de negociación.

Rivalidad entre competidores.

Viene definida por todos los factores que hemos descrito anteriormente. IMPORTANTE: a mayor rivalidad menor rentabilidad y atractivo del sector en cuestión.

IV. Previsión de ventas.

En esta sección del Plan de Negocio, en la que todos tendremos interés, estimamos los niveles de venta esperados para el negocio. Después

---

[2] Productos genéricos, sin una diferenciación entre sí. Normalmente cuando se habla de *commodities*, se habla de materias primas o bienes primarios

veremos el costo de vender y la eficiencia del negocio, pero ahora importa saber si este negocio generará ingresos interesantes.

Para realizar este ejercicio necesitamos dominar algunos conceptos. Los veremos en su orden lógico:

Mercado potencial.

Demanda máxima de un mercado dado el mejor escenario posible.

Demanda del mercado.

"Para un producto o servicio es el volumen total *susceptible de ser comprado por un determinado* grupo de consumidores, en un área geográfica concreta, para un *determinado* período de tiempo, en un entorno *definido de marketing*" (Kotler, p. 135).

Esta demanda, expresada en unidades físicas o en términos monetarios, es una función de una serie de condiciones variables, por lo que se le suele denominar *función de demanda del mercado* o *función de respuesta del mercado*.

Demanda de la empresa.

Es la cuota estimada sobre la demanda del mercado en función de los distintos grados de esfuerzo de márketing que planeamos hacer en determinado momento.

La demanda de la empresa, al igual que la demanda del mercado, es una función que depende de todos los factores que afectan la cuota de participación (nuevos entrantes, sustitutos, saturación y segmentación del mercado en nichos más especializados, etc.) y del trabajo de marketing que hagamos.

Potencial de ventas del negocio.

"Es el límite al cual puede aproximarse la demanda a medida que se incrementan los esfuerzos de marketing con relación a los competidores. El límite absoluto de la demanda de la empresa y su potencial de ventas es, naturalmente, el mercado potencial" (Kotler, p. 137).

Previsión del mercado.

Demanda esperada en un momento dado bajo condiciones específicas que hemos definido (gestión de ventas, publicidad, etc.).

Previsión de ventas del negocio.

Se define como el volumen de ventas esperado dado un plan de marketing concreto y dentro de un entorno determinado. Esta previsión se formaliza en un presupuesto de ventas que estima razonablemente los volúmenes de ventas esperados.

Partiendo de un Mercado potencial y un potencial de ventas del negocio, llegamos a construir una previsión de ventas del negocio.

Esta previsión se organizará en un presupuesto de ventas mensuales, anuales, seguramente desglosando unidades físicas de productos o servicios y precios unitarios para llegar al valor monetario.

A todo esto, lo denominamos el **Modelo de Ingresos** del negocio.

V. Análisis interno. Fortalezas y Debilidades para acometer el negocio.

Árbol de Competencias.

La representación de una empresa en forma de árbol de competencias (capacidades o habilidades que hacen competente - competitiva a la empresa) nació en ocasión de un análisis estratégico de las organizaciones japonesas. Como herramienta fue formalizada por M. Giget en los años ochenta. Nos permite responder satisfactoriamente a la pregunta: ¿Cuáles son nuestras capacidades más importantes, nuestras _Competencias Nucleares_?

La principal ventaja de esta herramienta es que intenta representar a la empresa en su totalidad sin reducirla a sus productos y mercados. Cuando definíamos nuestro negocio veíamos cuán relevante es ver más allá de los productos y el mercado siendo la clave reconocer la necesidad del cliente y poderla servir. Este análisis interno está alineado con esa filosofía.

En estos árboles las raíces (el saber hacer) y el tronco (capacidad de producción y servicios) son tan importantes como las ramas (líneas de productos y mercados) El objetivo es establecer las competencias distintivas de la organización (_core competence_), así como hacer un diagnóstico del árbol: fortalezas y debilidades de las raíces, el tronco y las ramas.

Un concepto fundamental cuando estamos trabajando este primer diagnóstico es entender a la empresa, más que como una cartera de actividades o negocios, como una _Cartera de Competencias Nucleares_ (Hammel y Prahalad, p. 83) pues hay una realidad y es que los mercados maduran y declinan, como ya hemos mencionado, pero las competencias se desarrollan para adaptarse y crear. Gracias a esto "el árbol no muere cuando le cortan las ramas" (Godet, p. 48).

VI. Diagnóstico estratégico[3] de la empresa para el negocio que se proyecta.

Nuestro Diagnóstico Estratégico se alimenta de todas las reflexiones anteriores.

Permite contrastar la importancia relativa de las Fuerzas y Debilidades que hemos identificado con el Árbol de Competencias, respecto a las Amenazas y Oportunidades que provienen del entorno. Para esto realizamos en análisis de las 5 Fuerzas.

"El enfoque clásico ha conducido demasiadas veces a separar estos dos diagnósticos, el interno y el externo, que, sin embargo, carecen de sentido si no se contemplan interrelacionados" (Godet, p. 60) En efecto, son las amenazas y las oportunidades quienes dan a cada debilidad o fuerza toda su importancia.

De hacer bien estos diagnósticos encontraremos una serie de oportunidades a corto, mediano y largo plazo que nos aporta el exterior (atractivo estructural del sector) y son susceptibles de ser aprovechadas por la empresa en base a sus capacidades dinámicas actuales.

Ya sabemos cuál es nuestro oficio, nuestros puntos fuertes en el mercado actual, nuestra capacidad de respuesta. Estamos en condiciones de hacer un *Balance de Fuerzas* y comenzar a pensar el despliegue de la estrategia.

---

[3] Para una revisión más detallada puede consultar ESTRATEGA: Pensamiento, Herramientas y Acción, Capítulos 3 y 4.

Matriz de Balance de Fuerzas.

Existe una manera muy eficaz para formalizar y enriquecer el Diagnóstico Estratégico. De hecho, es el modo más apropiado (y apropiable) de entrelazar los resultados del análisis interno y externo para ponderar la importancia de ambos.

A esta técnica se le conoce como *Matriz de Balance de Fuerzas*, o más popularmente, Matriz DAFO (Debilidades, Amenazas, Fortalezas, Oportunidades).

	Oportunidades	**Amenazas**
Fuerzas	Ofensivos	Defensivos
Debilidades	Reorientación	Supervivencia

Dicen que una herramienta es tan buena como la persona que la utiliza. Si le hacemos justicia diremos que esta en particular cuenta, además, con la bondad adicional de definir una orientación tentativa de la estrategia en función del cuadrante con mayor predominio.

De acuerdo con esta técnica, una vez que contamos con una buena definición de nuestras fuerzas, debilidades, oportunidades y amenazas, se construye un eje de coordenadas en el que se muestran cuatro cuadrantes.

El desarrollo práctico de la matriz se completa analizando de forma aislada cada uno de estos cuadrantes. Para esto algunos autores recomiendan la formulación de las siguientes preguntas:

a) *¿Permite esta fortaleza aprovechar concretamente esta oportunidad? ¿Cuál es la magnitud del aprovechamiento?*

b) *¿Protege esta fortaleza contra esta amenaza específica? ¿Cuánto protege?*

c) *¿Afecta esta debilidad el aprovechamiento de la oportunidad correspondiente? ¿Cuánto afecta el aprovechamiento de la oportunidad?*

d) *¿Nos hace vulnerables esta debilidad ante la amenaza en cuestión? ¿Cuán vulnerable nos hace esta debilidad frente a esta amenaza?*

Para toda la matriz la ponderación de las respuestas positivas puede ser por medio de una escala ordinal, por ejemplo:

Moderada = 1
Fuerte = 2
Muy fuerte = 3

El valor total de cada cuadrante es el resultado de las sumas correspondientes. Después de realizadas estas operaciones se puede ubicar a la empresa en el cuadrante cuyo resultado es, estadísticamente hablando, significativamente mayor. Esto implicaría que la organización cae dentro de lo que la técnica denomina *Zonas de Poder, Protección, Bloqueo o Crisis*.

La matriz DAFO permite realizar un Balance Interno (predominio de fuerzas o debilidades) y un Balance Externo (predominio de oportunidades o amenazas) Ambos criterios son importantes y podrán decirnos si la empresa retrocede dado el impacto conjunto de sus debilidades y amenazas externas, o avanza con relación al entorno gracias a sus fortalezas y aquellas oportunidades disponibles.

VI. Diseño de la oferta.

Con un modelo de ingresos del negocio y un diagnóstico estratégico que nos indica a dónde apuntar, estamos listos para dar el siguiente paso en nuestro Plan: diseñar la oferta.

Nos queda claro que debemos partir de reconocer las necesidades de nuestro cliente y el modo en que pensamos satisfacerlas, pero esto no quiere decir que debamos descuidar la concepción de nuestro producto o servicio, más bien tendremos que pensar en diseñar una oferta que satisfaga, sorprenda y deleite a nuestro cliente.

Para esto necesitamos empezar a entender los productos (y servicios) de otra manera.

Producto Total de T. Levitt.

El modelo creado por Levitt (1981) es revelador. Este autor diferencia entre producto genérico, producto esperado, producto extendido, y producto potencial, asignando a cada uno los siguientes contenidos:

Producto Genérico.

Es aquel capaz de satisfacer en sí mismo las necesidades básicas buscadas por el cliente.

Producto Esperado.

Lo que el cliente considera como normal al adquirir un producto.

Producto Extendido.

Lo que las empresas añaden al producto, con la finalidad de diferenciarse y dotar de más atractivo al producto.

Producto Potencial.

Lo que se deberá incorporar en el futuro al producto, y que en la actualidad todavía no ofertan los competidores.

El concepto de Producto Total es de importancia singular ya que hace evidente que para desarrollar un producto tenemos que transitar por varios niveles:

✓ Definir las funciones y características básicas, con relación a su finalidad fundamental.

✓ Enfocarnos en las mejoras de diversos elementos observables que pueden hacer al producto más atractivo o conveniente para el cliente.

✓ Diseñar de un "producto paquete" trabajando sobre conceptos como: garantía, asesoría, membresía, entrenamiento, servicio de instalación, servicio postventa.

Nuestra meta será primero satisfacer, y luego sorprender y deleitar al cliente.

Al beneficio básico de nuestro producto o servicio le sumaremos el nivel de calidad, el diseño, la marca, formas de entrega, oportunidades de crédito, garantías, servicios de postventa, posibilidad de coproducir personalizando el producto, interacción con otros clientes, interacción con los suministradores, etc. Nuestra diferenciación competitiva será máxima.

VII. Organización del proceso.

Para desarrollar el negocio tenemos que organizarnos. Sin ánimos de agotar todo lo relacionado con esta importante función administrativa si queremos al menos dejar claro que el negocio debe nacer con un esquema organizativo claro.

Modelo de egresos.

¿Cuántas personas trabajaran?, ¿será necesario crear grupos de trabajo especializados?, ¿qué gasto en salario, compra de medios y equipos, rentas, seguros, licencias, consumos directos a la producción, mantenimiento, estamos previendo?

Hecho este análisis podremos preparar el Modelo de Egresos del negocio mensual, para el primer año de operación, etc.

Si unimos a este modelo de egresos (salidas de efectivo) el modelo de ingresos del negocio que ya confeccionamos, obtenemos las **Razones de Eficiencia** del negocio. Una razón de eficiencia podrían ser:

✓ Relación Gasto / Ingreso. Al dividir el total de gastos entre el total de ingresos obtenemos un indicador de eficiencia. Por ejemplo, 0.80 equivale a decir que por cada peso de venta gastamos 80 centavos. Si este valor fuera 1.04, simplemente estaríamos en pérdida.

Siguiendo la misma lógica podemos obtener otras razones de eficiencia, las que mejor describan y permitan comprender el negocio:

✓ Relación Gasto de salario / Ingreso (gasto de salario por peso de venta).

✓ Relación Ganancias / Ingresos (ganancia por peso de venta).

✓ Ganancia / empleado (ganancia promedio por empleado, Productividad del Trabajo)

Modelo de Capital.

Un negocio involucra gastos operacionales, estos están recogidos en el Modelo de Egresos, pero adicionalmente va a requerir inversiones iniciales en equipamiento, infraestructura, y un Fondo de Maniobra (dinero fresco, Capital de Trabajo) que le permita mantenerse activo y vigoroso, sobre todo en sus primeras etapas, las más difíciles.

El Modelo de Capital dilucida el monto de la inversión inicial, y las necesidades de efectivo que tendrá el negocio.

VIII. Financiamiento.

Hasta este punto hemos hecho un análisis de negocio ejemplar. Pero falta demostrar que vale la pena hacer la inversión, inmovilizar efectivo o endeudarnos. Esto lo sabremos con el Flujo de Caja del negocio.

Flujo de Caja o ciclo financiero del negocio.

Vamos a utilizar algunos números hipotéticos:

Flujo de Caja	Mes 0	Mes 1	Mes 2	Mes 3
Ingresos Totales	0.0	1200.0	1200.0	1200.0
Egresos Totales	600.0	600.0	600.0	600.0
Resultados Netos	-600.0	600.0	600.0	600.0
Relación Gasto / Ingreso	-	0.50	0.50	0.50
Capital de Trabajo (Fondo de Maniobra)	600.0			
CASH FLOW	-1200.0	600.0	600.0	600.0
CASH FLOW Acumulado	-1200.0	-600.0	0.0	600.0

En el mes cero, punto de partida del negocio, tenemos pérdidas de -600.0, una necesidad de capital para operar igual a 600.0 (el negocio no nos da todavía ese ingreso) y el Flujo de Caja resultante es negativo -1200.0.

En el primer mes de operación vemos ingresos de 1200.0, respetamos el presupuesto de gastos y ya tenemos ganancias brutas de 600.0. La Relación Gasto / Ingreso nos dice que por cada peso de ventas ganamos 50 centavos. Parece un negocio rentable pero el flujo de efectivo acumulado sigue negativo con valor de -600.0.

En el mes 2 teóricamente ya pudimos pagar los 600.0 que nos prestaron para resistir el primer mes y a partir de ahora podremos acumular ganancia para amortizar la inversión inicial, continuar creciendo y capitalizar beneficios.

Hemos podido dejar establecido, de cara a nuestros socios e inversionistas, que el negocio posee buena capacidad de generar dinero fresco. Estamos listos para continuar.

IX. Cronograma de actividades.

Si queremos que se cumplan las premisas del negocio que estamos pensando es necesario administrar la etapa inicial de lanzamiento del negocio como un proyecto[4] y esto significa, entre otras cosas, que necesitamos un cronograma de actividades completo y con plazos retadores y realistas. Vincularemos todas las actividades de este cronograma, cara tarea tendrá un responsable, plazos y recursos asignados. Identificaremos la ruta crítica y el líder del proyecto coordinará el avance hasta estar listo para entrar en acción.

Un ejemplo sencillo de posibles tareas sería:

1. Compra de Equipamiento, útiles y herramientas.
2. Reclutamiento y selección del personal.
3. Promoción de la nueva oferta de servicio.
4. Negociación y contrato con los clientes actuales o potenciales.
5. Programación del trabajo.
6. Comienzo de la prestación.

X. Análisis de riesgos.

Un último paso en nuestro Plan de Negocios es evaluar los riesgos. Es crucial para mantenernos proactivos identificar los problemas que pudieran amenazar la realización del nuevo negocio y evaluar medidas para reducirlos.

---

[4] En el capítulo 9: Administrar Proyectos, se profundiza en las técnicas de gestión de proyectos.

Luego de hacer un levantamiento de los posibles riesgos del negocio, evaluamos cada riesgo en función de su probabilidad de ocurrencia y afectación económica. Para esto podemos usar una escala sencilla:

Alta = 3   Media = 2   Baja = 0

La conjunción de la probabilidad de ocurrencia con la afectación económica nos da el impacto del riesgo sobre el negocio. Un ejemplo en la siguiente tabla:

Identificación del riesgo	Evaluación			Administración
	Probabilidad (1)	Afectación (2)	Impacto (1*2)	
Entrada de competidores	2	2	**4**	Desarrollar el sistema de inteligencia de Marketing para monitorear a los entrantes potenciales. Innovar sobre el concepto del negocio a medida que la relación con el cliente lo va permitiendo.

En nuestro ejemplo, puramente didáctico, este es un riesgo moderado (con nuestra escala un riesgo puede alcanzar un valor máximo de 9). Lo hemos identificado, ponderado su probabilidad y afectación económica y obtenemos el Impacto. A partir de ahí decidimos cómo administrarlo. En general los riesgos de impacto máximo, si no podemos garantizar un control razonable, lo usual es que lo transfiramos a algún tipo de asegurador.

CAPÍTULO 3. MARKETING Y FIDELIZACIÓN

"El marketing no puede ser un equivalente a la venta
porque comienza mucho antes que la compañía tenga un producto"
Phillip Kotler

"La calidad es nuestra mejor garantía de la fidelidad de los clientes,
nuestra más fuerte defensa contra la competencia
y el único camino para el crecimiento y los beneficios"
Jack Welch

¿Qué es el Marketing? ¿Cómo nos servirá para desarrollar nuestro negocio? Algunos traducen este término como Mercadotecnia, haciendo alusión a que no es más que un conjunto de técnicas para lograr el mejor mercadeo posible. Otros ven en el Marketing una filosofía y un enfoque centrado en el cliente.

Para entenderlo tendremos que repasar sucintamente cómo fue la evolución del Marketing.

Inicialmente existía un enfoque en el **Producto**. Recordando a H. Ford al decir: *"Pueden tener un auto del color que quieran, siempre que sea negro"*. Desde este punto de vista, donde el cliente no tiene ningún poder negociador, lo prioritario es la eficiencia de la producción, hay pocos proveedores en el mercado, se pueden maximizar las ganancias.

Luego, a medida que creció la competencia, el Marketing adoptó un enfoque en las **Ventas**, ¿quién era el mejor comerciante?, aquel capaz de vender arena en el desierto. En este sentido las relaciones de compra – venta eran de corto plazo y se hacía un gran esfuerzo en publicidad.

Felizmente, como la necesidad es la más grande escuela, nos fuimos percatando que este enfoque no era sostenible. Conseguir un nuevo cliente cuesta mucho más que retenerlo.

Hoy el marketing adoptó un enfoque orientado al **Cliente**, partiendo de lo que necesita el cliente es que diseñamos nuestros productos y ofertamos una venta a la medida (este es el enfoque que defendimos cuando preparábamos el Plan de Negocio).

Una definición breve y actual del Marketing podría ser:

"Disciplina que estudia las relaciones de intercambio, voluntarias, y mutuamente beneficiosas".

Esta definición tiene la ventaja de abarcar toda relación de intercambio, no solo las comerciales, implica voluntariedad a diferencia de las relaciones cautivas, y beneficio recíproco, Ganar – Ganar.

El mejor negocio es el que se centra en la retención del cliente.

La lealtad de los clientes aumenta los ingresos. Según P. Kotler, reconocido gurú del Marketing (Dirección de Marketing. Edición del Milenio). Los mejores clientes gastas 16 veces más en ventas al por menor, 13 veces más en restaurantes, 12 veces más en viajes en avión y 5 veces más en hoteles y moteles.

En el presente todavía nos toparemos con distintas formas de hacer marketing. El primer paso hacia la mejora es reconocerlas:

¿Qué tipo de marketing necesita hacer y realiza nuestro negocio?

✓ **Básico**: no se vuelve a tener contacto con el cliente después de la venta.

✓ **Reactivo**: se anima al cliente a que llame si tiene alguna sugerencia o queja.

✓ **Estadístico**: la empresa llama al cliente al poco tiempo de realizada la venta, pide sugerencias de mejora e información acerca de problemas.

✓ **Proactivo**: la empresa llama al cliente de vez en cuando para presentar nuevas mejoras y formas de aprovechar mejor las características de sus productos.

✓ **Socio**: la empresa se relaciona permanentemente con el cliente para descubrir formas mutuas de encontrar ahorros o mejoras de la productividad en relación con sus intercambios.

Gestión de la Calidad, la otra cara de la moneda.

Una calidad excepcional de nuestros productos es el complemento indispensable para llevar a cabo un marketing de fidelización.

El interés por la calidad no es algo reciente. Un ejemplo curioso: en el 2150 A.C., la calidad en la construcción de casas estaba regida por el Código de Hammurabi, cuya regla 229 establecía: *"si un constructor construye una casa y no lo hace con buena resistencia y la casa se derrumba y mata a los ocupantes, el constructor debe ser ejecutado"*.

La gestión de la calidad, así como el marketing, avanzó desde su concepción original enfocada en el control o verificación de errores, hasta sistemas que tienen como punto de partida las necesidades del cliente y actúan para prevenir el error.

Muchos empresarios todavía mantienen sin darse cuenta una gestión centrada en la detección y rectificación de fallas pero, así como es más fácil y menos costoso retener a un cliente que captar a otro nuevo, reparar un error siempre es más caro que prevenirlo, entre otras cosas porque gastaremos en reproceso, y al final probablemente perderemos al cliente y nos dará mala publicidad alejando a clientes potenciales. El impacto en Costos Operacionales y Costos de Oportunidad[5] es enorme.

"Para obtener calidad es necesario que todos participen desde el principio. Si sólo se hiciera como inspecciones de la calidad, estuviéramos sólo impidiendo que salgan productos defectuosos y no que no se produzcan defectos" (J. M. Juran).

Pasión por la excelencia.

Quizás debamos recordar cada mañana lo que es un **Cliente**. Usemos las palabras de N. Austin y T. Peters en su libro Pasión por la Excelencia (1987):

"Un cliente es el individuo más importante que haya entrado nuca a esta oficina... en persona o por carta".

"Un cliente no depende de nosotros... nosotros dependemos de él".

"Un cliente no interrumpe nuestro trabajo... porque él es el motivo de nuestro trabajo. No le hacemos el favor de servirlo... él nos hace el favor de darnos la oportunidad de servirlo".

---

[5] Los Costos de Oportunidad hacen alusión a lo que dejamos de ganar.

Y más adelante definen la **Calidad** de un nuevo modo:

"La calidad es ante todo una cuestión de atención a los demás, de personas, de pasión, de coherencia, de contacto humano y de reacciones viscerales (...) la calidad nace de la creencia de que las cosas pueden perfeccionarse y de que la belleza está en todas partes: en las recogidas de basura, en la cría de pollos, en la elaboración de papas fritas o de pizzas, en la decoración de una tienda, en un ordenador o en la toma de aire de los motores de un avión. La calidad se alcanza viviendo todos los días, durante décadas, este mensaje: es posible mejorar y perfeccionarse hasta el infinito".

Concepto Cero defectos.

P. B. Crosby (1926-2001) fue célebres por su forma de pensar respecto a la calidad. Conceptos como "*cero defectos*", "*hacerlo bien a la primera*" y "*la calidad empieza en la gente no en las cosas*", revolucionaron la forma en que gestionamos en el presente la calidad.

Al respecto dijo: "Este concepto (cero defectos) afirmaba que no deseábamos niveles de calificación como los que se usan en las escuelas, ni tampoco queríamos `niveles de calidad´ como los que existen dentro de la estadística".

Pero las personas han sido condicionadas a aceptar el hecho de que no son perfectas y que, por tanto, es lógico que cometan errores. A menudo se escucha decir: "Las personas son seres humanos y los humanos cometen errores. Nada puede ser perfecto mientras intervengan seres humanos", y así sucesivamente.

A esta creencia Crosby contraponía que los errores son causados por dos factores: falta de conocimiento y falta de atención. El conocimiento puede medirse y las deficiencias se corrigen a través de medios comprobados. La falta de atención deberá de corregirse por la propia persona. La persona que se compromete a vigilar cada detalle y a evitar con cuidado los errores, está dando un paso enorme hacia la fijación de la meta de Cero Defectos en todas las cosas.

Al crear este concepto fue atacado por el hecho de que lo consideraban poco práctico y lo veían más como un programa de motivación. Sin embargo, Crosby insistía en explicar que se trataba de "un estándar de realización (desempeño) que les indicaba a las personas lo que se esperaba de ellas y sólo eso".

El hecho de considerar que los errores son inevitables crea una profecía que se autocumple. Las personas pueden cometer errores, sobre todo cuando esperan cometerlos. O lo que es lo mismo, han aceptado una norma de desempeño, un estándar de realización limitado y sin calidad.

No se nos entrena para perder ni para cometer errores, sino para ganar. Esa es la mentalidad de los campeones.

Si alguna profecía es necesario predicar es la de tener un desempeño libre de errores.

Cero defectos no es un cero absoluto, sino algo hacia lo cual se va avanzando, un desempeño que se desplaza y va acercando los errores a la frontera igual a cero, que no acepta la idea de "así está bastante bien", o de un NAC (nivel aceptable de calidad).

Momentos de la Verdad.

Esta expresión utilizada por J. Carlzon, director de la aerolínea S.A.S, para difundir entre su personal la necesidad de poner atención en cada episodio en que el cliente entra en contacto con la empresa. Es importante mencionar que dicha empresa se encontraba en severos problemas a causa de la insatisfacción de sus clientes, antes de aplicar este concepto de Carlson.

El momento de la verdad es el preciso instante en que el cliente se pone en contacto con nuestro servicio y sobre la base de este contacto se forma una opinión acerca de la calidad de este.

El momento de la verdad es un concepto no muy conocido por la gran mayoría de los empresarios, pero es determinante para ofrecer un buen servicio a sus clientes. Se puede decir que aquella empresa que no tiene bien definidos sus "Momentos de la Verdad", está condenada a dar un mal servicio a sus clientes, ya que no estará cubriendo sus expectativas de atención y servicio.

Un momento de la verdad no necesariamente lo determina el contacto humano. Cuando el cliente llega al lugar del servicio y entra en contacto con cualquier elemento de la empresa, estos son también momentos de la verdad.

El servicio debe buscar como estrategia que todos esos momentos se dirijan a la satisfacción de las necesidades prácticas y personales del cliente.

Los momentos de la verdad no se presentan al azar, generalmente ocurren en una secuencia lógica, los ciclos de servicio, lo que permite identificar con precisión las mejoras requeridas.

Imagine que usted entra a una tienda, toma un producto y se dirige a la caja para realizar su pago, hace contacto con el cajero y sale.

¿Cuántos momentos de verdad tenemos aquí?

1. Disponibilidad de parqueo.
2. Cercanía a la entrada y facilidad de acceso.
3. Bienvenida.
4. Agradable ambientación (temperatura, aromas, música).
5. Oportuna señalización.

6. Formas sencillas y rápidas de contacto con auxiliares de ser necesario.
7. Cómoda disposición de productos.
8. Disponibilidad de baños y probadores.
9. Cajero sin tiempo de espera.
10. Contacto afable con el cajero.
11. Facilidades pago, envase y transporte de la mercancía comprada.
12. Despedida.

Doce oportunidades de mejora, de complacer a nuestro cliente haciendo de su experiencia algo especial. Este "producto extendido" no puede faltarnos.

Satisfacción Vs. Fidelización del Cliente.

Un cliente satisfecho no es necesariamente un cliente fiel. Al principio nos sorprende este hecho, pero es lo más común del mundo. Una persona satisfecha puede querer probar otras experiencias, incluso movida por su propio estado de satisfacción. "¿Serán tan buenos los demás?".

Fidelización significa justamente que somos la única opción para nuestro cliente, no nos cambiará por nadie. Por ende, sólo se retiene a los clientes fidelizados.

¿Cómo fidelizamos a nuestros clientes? Ofreciéndoles un producto y servicio que los deleite, que los sorprenda. Si sólo le brindamos el producto básico, no nos diferenciamos, no somos únicos, no hay nada especial e irrepetible en nosotros.

La concepción del Producto Total de T. Levitt es una manera de operacionalizar lo que estamos hablando.

45

Para llegar a la fidelización tendremos que conquistar muchos momentos de satisfacción. Hablamos de la satisfacción inmediata al consumo, experiencias que se van sumando para construir un estado de satisfacción acumulada o histórica.

Satisfacción inmediata y acumulada son realidades diferentes: puedo estar satisfecho con mi experiencia de hoy, pero insatisfecho con el lugar en sentido general (el balance de mis experiencias es negativo) o podría no haber disfrutado la experiencia presente y así y todo continuar mostrando mi preferencia por el sitio o el proveedor.

Hay que verlo como un balance, cada experiencia positiva suma y establece nuestro ranking.

Con todo, la fidelidad de un cliente implica un salto cualitativo en nuestra relación con él. Una larga historia de satisfacción podría no ser más que eso, una larga historia que nunca fragua en un compromiso mayor. Es por esto por lo que estamos llamados a ofrecer una satisfacción especial que denominamos **deleite**.

El secreto está en que, para deleitar a un cliente, una vez que le garantizamos el producto esperado, es suficiente con cubrir sus expectativas de **respeto y seguridad**.

Cuántas veces un excelente producto viene acompañado de condiciones irrespetuosas, trucos comerciales, falta de transparencia, un trato frío o indiferente.

El cliente necesita sentirse seguro con nosotros y tener la vivencia de nuestro profundo respeto por él, respeto que significa que lo reconocemos y aceptamos, ponemos todo en función de atender a su necesidad.

Vemos al cliente como nuestro Socio.

CAPÍTULO 4. ESTRATEGIA DE PRECIOS

"En los días que corren la gente sabe el precio de todo y el valor de nada".
Oscar Wilde.

"Nada que sea bueno...es gratis".
Jorge Bucay.

Cuando definíamos la oferta de nuestro negocio, entre otras cosas tuvimos que pensar en el precio, es un componente importante de la oferta. Y de hecho sobre el precio de venta de nuestros productos y servicios se construyó el Modelo de Ingresos y pudo evaluarse la factibilidad comercial del negocio, pero ¿cómo se fijan los precios?

Usualmente buscamos referencias en el Precio de mercado, el precio al que un bien o servicio puede comprarse en un mercado concreto. Este precio cumple la función de establecer un equilibrio entre oferta y demanda en el mercado.

Teóricamente existiría un precio con el cual todo lo producido se vende y no queda demanda insatisfecha, el mercado entraría en una situación de equilibrio económico.

Pero esta es una situación ideal. En un mercado competitivo el precio no será una variable de equilibrio, sino un factor de ventaja. No son extrañas las "guerras de precios".

Objetivos de la fijación de precios.

Algunos de los objetivos de la fijación de precios más comunes para un negocio que comienza son:

✓ Maximizar el beneficio a largo plazo.

✓ Incrementar el volumen de ventas (cantidad).

✓ Incrementar el volumen de ventas (económico).

✓ Incrementar la cuota de mercado.

✓ Estabilizar el mercado o estabilizar el precio.

✓ Crear un liderazgo en precios.

✓ Desensibilizar a los consumidores acerca del precio.

✓ Desmotivar la entrada de nuevos competidores en la industria.

✓ Animar la salida de firmas marginales del mercado.

✓ Mejorar la imagen de la firma, marca o producto.

✓ Ser percibido como "justo" por consumidores y consumidores potenciales.

✓ Crear interés y entusiasmo por un producto.

✓ Utilizar el precio para hacer el producto "visible".

✓ Mejorar la rotación del producto.

Precios de Lanzamiento.

El precio de lanzamiento obedece a la técnica de establecer precios relativamente bajos para el lanzamiento de un producto respecto a su eventual precio de mercado. La expectativa es que el precio inicial bajo asegurará la aceptación del mercado al romper las fidelidades existentes a otras marcas. El precio de lanzamiento se asocia generalmente con un objetivo de marketing de aumento de cuota de mercado o volumen de ventas.

Las ventajas del precio de lanzamiento para la empresa son:

48

✓ Puede provocar una difusión y adopción rápida del producto.

✓ Puede proporcionar altas cuotas de penetración en el mercado de manera rápida.

✓ Puede tomar a la competencia por sorpresa, sin darles tiempo a reaccionar.

✓ Puede crear confianza entre el segmento de adoptadores iniciales.

✓ Crea presiones sobre control de costos y reducción de costes desde el principio llevando a una mayor eficiencia posteriormente.

✓ Desincentiva la entrada de nuevos competidores. Los precios bajos actúan como una barrera de entrada (ver análisis de las 5 fuerzas de Porter).

La principal desventaja del precio de lanzamiento es que establece expectativas a largo plazo para el producto, y establece preconcepciones para la marca y la empresa. Esto hace difícil el subir los precios más adelante.

Además, los precios de penetración atraen generalmente a clientes no fidelizados que cambiarán de producto tan pronto como se suban los precios.

Una solución es establecer como precio inicial el precio de mercado a largo plazo, pero incluyendo el cupón de descuento inicial (hacer promoción de ventas). De este modo, el cliente percibe un precio alto, aunque el precio actual de venta sea bajo.

El precio de lanzamiento es más apropiado cuando:

- ✓ La elasticidad de la demanda es alta (no caerá la demanda cuando subamos precios. Aplicable a bienes y servicios de primera necesidad)

- ✓ Existen sustanciales economías de escala disponibles (nos interesa el volumen de ventas)

- ✓ El producto es bueno para un mercado de masas.

- ✓ El producto va a afrontar una gran competencia tras el lanzamiento.

En sectores donde la estandarización es importante, el producto que consigue gran penetración de mercado llega a ser el estándar (ejemplo Microsoft Windows) y otros productos, incluso superiores, acaban siendo marginados.

CAPÍTULO 5. COMPORTAMIENTOS DE COMPRA

"¿Y de qué te sirve poseer las estrellas? Me sirve para ser rico.
¿Y de qué te sirve ser rico? Me sirve para comprar más estrellas"
Antoine De Saint-Exupéry

"Toda nuestra cultura está basada en el deseo de comprar,
en la idea de un intercambio mutuamente favorable"
Erich Fromm

Si vamos a vender, nos interesa conocer un poco la psicología del comportamiento de compra. Entender cómo facilitar la decisión de compra, y qué tipo de compra hacen nuestros clientes puede darnos excelentes ideas para facilitar el proceso.

Evaluación de la compra.

Sabemos que el cliente ve cada producto como un conjunto de atributos con distintas capacidades de ofrecer los beneficios buscados (ejemplo: neumáticos: seguridad, duración, calidad, precio).

Las estrategias para utilizar aquí pueden ser:

✓ Reposicionamiento real: Modificar tu oferta adaptándote a las expectativas de valor del cliente.

✓ Reposicionamiento psicológico: Alterar las creencias sobre la marca propia.

✓ Reposicionamiento competitivo: Alterar las creencias sobre la marca de la competencia.

51

✓ Alterar la importancia relativa de los atributos: Dando mayor importancia a los atributos propios.

✓ Llamar la atención sobre atributos olvidados: Mi marca ofrece las mayores facilidades de transporte.

✓ Cambiar los ideales del comprador: Los atributos deseados no lo son tanto, tienen pros y contras.

Así y todo, la decisión de compra se va a ver influida por otros muchos factores contextuales. Las actitudes de otras personas pueden influir mucho en la decisión de compra. También la ocurrencia de factores imprevistos (otras compras pueden ser más urgentes, baja en la renta personal). Por esto las preferencias e incluso las intenciones de compra no son siempre predictores fiables de la conducta de compra.

Quien compra toma a un tiempo varias decisiones que por cotidianas nos pasan desapercibidas:

✓ Decide el vendedor.
✓ Decide el objeto o cantidad.
✓ Decide el momento.
✓ Decide la forma de pago.

Y el *riesgo percibido* puede modificar, posponer o evitar la decisión de compra. Nuestro trabajo es comprender y aportar información que reduzca el riesgo percibido.

Modelo de 4 Comportamientos de Compra.

De manera general de habla de dos tipos de compras: compras de alta implicación (compras caras, con algún riesgo) y compras de baja implicación (por ejemplo, comprar sal).

Al mismo tiempo se describen dos situaciones al momento de comprar, una donde no apreciamos diferencias significativas entre marcas, posiblemente genéricos, y otra donde existen diferencias significativas entre marcas.

Al vincular la implicación de la compra con la diferenciación de productos obtenemos la siguiente matriz que resume un Modelo de 4 Comportamientos de Compra.

	Alta implicación	**Baja implicación**
Diferencias significativas entre marcas	Comportamiento complejo de compra	Comportamiento de búsqueda variada
Pocas diferencias entre marcas	Comportamiento de compra reductor de disonancia	Comportamiento habitual de compra

Comportamiento complejo de compra.

Los clientes llevan a cabo comportamientos de compra complejos cuando están altamente implicados en una compra y son conscientes de las diferencias significativas entre marcas u ofertas. Ello sucede especialmente cuando la compra es cara, poco frecuente, con riesgo.

53

Este comprador ira atravesando un proceso de aprendizaje caracterizado por el desarrollo inicial de creencias hacia el producto, más tarde actitudes y, por fin, la elección de compra pensada.

Necesitamos comprender este proceso y desarrollar estrategias que ayuden al comprador en su proceso de aprendizaje de los atributos de esta clase de productos, enfatizar la diferenciación.

Comportamiento de compra reductor de disonancia.

Algunas veces el comprador está altamente implicado, pero encuentra pocas diferencias entre las marcas u ofertas. La alta implicación estará otra vez basada en que la compra es cara, poco habitual y riesgosa.

En este caso el comprador responderá en un principio a un buen precio. Después de la compra el cliente puede experimentar disonancia ante la apreciación de determinadas características del producto comprado o como resultado de oír factores favorables de otras ofertas.

Las comunicaciones de marketing deben proveer creencias y evaluaciones que ayuden al cliente a sentirse bien con la marca elegida.

Comportamiento habitual de compra.

Numerosos productos se compran bajo condiciones de poca implicación y ausencia de diferencias significativas entre marcas u ofertas.

Por lo general siguen eligiendo una marca por una cuestión de hábito, no de lealtad. Se ha constatado que los consumidores presentan baja implicación ante los productos de bajos precios y compras frecuentes.

Podemos convertir un producto de baja implicación en uno de alta implicación con cuatro técnicas:

1. Relacionando el producto con algún elemento de implicación (este producto dental está asociado a dientes blancos y una linda sonrisa).

2. Conectar con alguna situación de implicación personal (el té verde fortalece el sistema inmute).

3. Buscar que nuestros mensajes susciten fuertes emociones relacionadas a valores personales.

4. Añadiendo una importante característica (la sal del Himalaya es más pura y rica en nutrientes).

Estas estrategias pueden elevar la implicación del comprador de un punto bajo a un nivel moderado, pero no le llevará a un comportamiento de alta implicación.

Comportamiento de búsqueda variada.

En estos casos los clientes suelen hacer una importante selección de marcas. Un ejemplo de esta situación es la compra de galletas. El cliente tiene ciertas creencias y escoge una marca sin demasiado detenimiento, evaluándola durante el consumo.

La siguiente vez puede escoger otra marca para probar un gusto diferente. El cambio suele darse más por variedad que por insatisfacción.

Si estamos entrando al mercado podemos promocionar la búsqueda de variedad a través del ofrecimiento de precios bajos, muestras gratuitas, y publicidad que presente razones para probar algo nuevo.

CAPÍTULO 6. POSICIONAMIENTO

"La clave para un marketing exitoso:
Enfoque, Posicionamiento y Diferenciación"
Philip Kotler

"Vender sin vender es la nueva forma de vender"
Jürgen Klaric

Cuando escuchamos el término Posicionamiento quizás nos viene a la mente la idea de nuestra posición en el mercado, en el sentido de cuota de participación. ¿Somos líderes, seguidores, especialistas de un pequeño nicho de mercado?

Posicionamiento realmente no tiene que ver con esto. Es un concepto revolucionario y coherente con el enfoque al cliente en el que nos hemos involucrado desde el inicio de este libro.

Primero en la mente del cliente.

El **Posicionamiento**[6] se refiere a lo que se hace con la mente de los probables clientes; o sea, como se ubica el producto en la mente de éstos (Ries y Trout, 1997).

La mejor manera de penetrar en la mente de otro es ser el primero en llegar. Es muy difícil reemplazar la primera cosa que ha logrado una posición en la mente.

---

[6] Para este capítulo nos apoyamos mayormente en la obra de A. Ries y J. Trout, Posicionamiento, 1997.

Si uno quiere tener éxito en los negocios, hay que convencerse de la importancia de ser el primero en penetrar en la mente, de esta forma se logra crear lealtad hacia una marca.

La manera difícil de penetrar en la mente es hacerlo en segundo lugar. El segundo no aparece por ninguna parte.

Está demostrado a través de los años, que cuando una marca logra crear una representación social dominante se obtiene el doble de participación en el mercado que la marca número 2.

Muchas veces ocurre que al momento de entrar al mercado una nueva empresa o un nuevo producto, se tiene la idea de que este arroyará la marca ya existente y sucede lo contrario en muchos casos, aumenta su participación en el mercado y la marca nueva sólo obtiene una participación mínima en el mercado en cuestión.

Busca el hueco.

Para ser los primeros tenemos que encontrar un sitio original, una necesidad no cubierta o una nueva forma de satisfacer al cliente.

Hay que buscar un hueco y luego llenarlo. Esta recomendación va en contra de la filosofía del "más grande y mejor".

Hay ocasiones en que es imposible encontrar un hueco. Como cada categoría de productos tiene cientos de variantes, las oportunidades de hallar un hueco aún libre son muy escasas.

Cuando existe tal cantidad de productos, ¿cómo tenemos que actuar para usar la comunicación y abrirnos camino en la mente?

La estrategia básica ha de ser "reposicionar la competencia", crear nuestro propio espacio.

Como existen tan pocos huecos que llenar, una compañía ha de crearse uno, reposicionando a los competidores que ya ocupan posiciones en la mente del público. En otras palabras, para introducir una nueva idea o producto en mente, primero hay que desplazar la idea o productos viejos.

Ejemplos citados por Ries y Trout:

Tylenol abrió una campaña dirigida a millones de personas que al consumir la aspirina causaba molestias en el estómago, y para aquellas personas que eran alérgicas. De hecho, hoy en día Tylenol es la primera marca de analgésicos, delante de muchas otras marcas. Todo esto fue en contra de un producto tan usado como la aspirina.

"Muchos de los vodkas americanos parecen rusos". Esto decían los anuncios. Y en los pies de las ilustraciones se leía: "Samovar, hecho en Schenley, Pennsylvania; Smirnoff, hecho en Hartford, Connecticut; Wolfschmidt, hecho en Lawrencburg, Indiana".

En muchos casos los clientes no se detienen a leer la etiqueta del producto y se hacen la idea de están consumiendo un producto cuya procedencia es de un origen diferente al de su país.

El **poder** del nombre.

"El nombre es el gancho del que cuelga la marca en la escala del productos que el cliente tiene en mente". En la era de la conquista de posiciones, la decisión más importante que se puede tomar en cuestión de mercadeo es el nombre del producto.

¿Como elegir el nombre? Hoy un nombre que no dice nada no tiene fuerza para hacer mella en la mente. Lo que se ha de buscar es un nombre que inicie el proceso del posicionamiento. Un nombre que diga al cliente cuál es la ventaja principal del producto.

Debemos elegir el nombre de manera que este sea pegajoso y breve, que penetre en la mente del consumidor y que no se aleje de la realidad para lo cual fue creado.

Posicionamiento y Comunicación.

Algunos lineamientos para la práctica de una comunicación eficaz que nos ayudes a posicionarnos en la mente de los clientes:

✓ Diga al cliente lo que no contiene.

Como mecanismo de defensa en contra del volumen de las comunicaciones de hoy, la mente rechaza la información que no asimila. Solo admite aquella nueva referencia que cuadra con su estado actual de ánimo, y rechaza todo lo demás.

El cliente es emocional, más que racional. Es por esto que el objetivo de toda publicidad es elevar las expectativas; crear la ilusión de que el producto o servicio realizará los milagros que se esperan.

Frente a la explosión de productos, la gente ha aprendido a ordenar los mismos y las marcas en la mente.

Por esto, si se tiene un producto por entero nuevo, es mejor decirle al cliente lo que no contiene, en lugar de explicarle qué es. Ejemplos de esto: "Gasolina sin Plomo", "Jugo 100% natural, sin preservativos ni colorantes".

✓ Si eres el primero, no necesitas decirlo.

Mientras una compañía sea dueña de la posición, no tiene caso publicar anuncios donde se diga " Somos los primeros".

Es mucho mejor realzar la categoría del producto ante el cliente. Advierta usted que la propaganda de la IBM se desentiende ordinariamente de la competencia y señala el valor de las computadoras.

¿Por qué no en una buena idea hacer publicidad que diga que uno es primero?

La razón es de carácter psicológico. O bien el cliente ya sabe que uno es el primero y se pregunta por qué la compañía se siente tan insegura que lo tiene que estar repitiendo, o bien no conoce que uno es el primero.

✓ Aprende a compararte.

" Somos mejores que nuestros competidores". No es así como se reubica uno. Eso es una publicidad comparativa que no resulta eficaz.

Hay en ese razonamiento una falla que el cliente no deja de advertir. "Sí en usted tal listo. ¿Por qué no es rico?".

Posicionamiento de un servicio.

¿Cuál es la diferencia entre posicionar un producto y posicionar un servicio?

En un anuncio de productos, el elemento dominante es la imagen, el elemento visual. En un anuncio de servicios, el elemento predominante suelen ser las palabras, el elemento verbal.

Si todo el mundo conoce el producto, no se establece diferencia al usar la prensa, la televisión, la radio, u otras formas visuales. A la inversa, si un servicio puede utilizar con provecho un símbolo visual, por ejemplo, un atleta o artista famoso para la compra de un seguro o un plan de telefonía, entonces el medio visual puede resultar provechoso.

Posicionamiento de uno mismo.

Si vendemos servicios profesionales, o queremos jugar un rol influyente en los procesos de compra, necesitamos posicionar a nuestra propia persona.

Si las tácticas de posicionamiento se aplican a la promoción de un producto, ¿por qué no usarlas para promoverse uno mismo?

La gente padece de los mismos males que los productos. Quieren serlo todo, para todos.

El problema que presenta tal enfoque es la dificultad en la selección de un concepto especifico en el cual apoyarse. Y sin embargo hay que hacerlo si uno quiere atravesar el muro de la indiferencia del público.

Imagine cuál es la mejor posición que debería ocupar, desde el punto de vista a largo plazo. Ocupar es la palabra clave, hay demasiados planes que se proponen comunicar una posición que es imposible de alcanzar, porque ya hay alguien que la ocupa.

Si la posición que usted se propone alcanzar exige un enfrentamiento contra un líder del mercado, es mejor rodear un obstáculo que superarlo. Busque una posición donde nadie haya puesto aun la mano. Enfrentarse a la competencia es también el principal problema en la mayor parte de las situaciones de mercadeo.

Un gran obstáculo para lograr un posicionamiento airoso es buscar lo imposible. Cuesta dinero conquistar una participación en la mente. Cuesta dinero ocupar una posición una vez se ha ocupado. Si la cantidad de dinero que se dispone es limitada, será preferible gastar de más en una ciudad, que gastar menos en varias.

Para mantener el paso del cambio es importante adoptar un punto de vista de largo alcance. Determinar cuál es la posición básica de uno y luego apegarse a ella. El concepto del posicionamiento es acumulativo. Hay que mantenerse allí aferrado un año tras otro.

Éxito en el juego del Posicionamiento.

¿Qué se necesita para jugar hoy con el éxito el juego del posicionamiento?

- ✓ Se necesita visión.
- ✓ Se necesita valor.
- ✓ Se necesita objetividad.
- ✓ Se necesita sencillez.
- ✓ Se necesita sutileza.

✓ Se necesita paciencia.

✓ Se necesita una perspectiva global.

✓ La orientación tiene que ser hacia "ellos".

No se necesita la reputación de ser un genio de la mercadotecnia. En realidad, esto puede ser un estorbo fatal. Muy a menudo, el líder de un producto comete un error al atribuir su éxito a su habilidad en el mercadeo.

CAPÍTULO 7. ANÁLISIS DE CARTERA

"Para triunfar en los negocios, para llegar a lo más alto, un individuo debe saber todo lo que es posible saber sobre ese negocio"
J. Paul Getty

"La capacidad de una organización para aprender y traducir ese aprendizaje en acción rápidamente, es la última ventaja competitiva"
Jack Welch.

"Un negocio que no hace nada más que dinero es un negocio pobre"
Henry Ford.

Lanzamos el negocio, el tiempo pasó y necesitamos adaptar nuestra estrategia de manera flexible. Es crucial estar en condiciones de evaluar el negocio y tener criterios acerca de cuál estrategia sería la más indicada. El Plan de Negocio que vimos anteriormente es, en efecto, un ejercicio continuo, que debemos estar revisando a menudo. Para esto hacemos el llamado Análisis de Cartera de Negocios y tomaremos como referentes la Matriz de McKinsey y la Matriz de BCG (Boston Consulting Group)

Matriz BCG.

¿Cuánto estamos participando en el mercado, cuál es nuestra posición? Estas son las preguntas que responde el Análisis de Cartera. Cruzando ambos criterios por medio de una matriz de doble entrada se hace posible plantear estrategias futuras mejor adaptadas a la posición de la empresa y las tendencias del entorno.

Una de las vías más populares y sencillas para ejecutar este análisis es la Matriz BCG[7]. La primera pregunta del BCG es: *¿Cuánto estamos participando (posición) en el mercado?* Es conveniente ampliar el significado de esta pregunta y considerar una batería de aspectos posibles, entre otros, qué nivel de experiencia y oficio tenemos, qué imagen, calidad, avance tecnológico, logística y formas comerciales nos caracterizan y determinan nuestra posición. Para esto puede ser útil el Árbol de Competencias. La segunda pregunta es: ¿Está creciendo el mercado?

Alta	**Estrellas**	**Dilemas**
Baja	**Vacas lecheras**	**Pesos muertos**
	Alta	Baja

Tasa de crecimiento

Participación en el Mercado

Basta un golpe de vista, comparando nuestros diferentes negocios, para hacer evidente cuáles son nuestros puntos fuertes y débiles dentro de la cartera de negocios. Descubrimos aquellos productos, líneas de

---

[7] La Matriz BCG (*Boston Consulting Group*) no es precisamente la técnica de análisis de cartera de actividades más poderosa, pero si la más expresiva y de más fácil asimilación, también la de uso más extendido. Conociendo que sus dos dimensiones son insuficientes sería de beneficio tomar contacto con su par, la Matriz de McKinsey.

productos o servicios que requieren una mayor priorización o la decisión de abandono pues difícilmente reporten beneficios.

La vida de nuestros productos y servicios, vistos dentro de una Matriz BCG, sería: Dilemas que crecen y se convierten es Estrellas, maduran y ganan estabilidad, devienen en Vacas Lecheras, hasta el día que se ven obligados a salir del mercado o reinventarse.

Matriz de McKinsey.

La Matriz de McKinsey es una herramienta analítica utilizada para evaluar el atractivo relativo de diversos mercados y así poder configurar una cartera de negocios óptima.

"Cada negocio se califica en dos grandes dimensiones: atractivo del mercado y posición competitiva. Estos dos factores tienen un gran sentido comercial para valorar un negocio. El éxito varía en la medida en que se sitúen en mercados atractivos y posean ventajas competitivas para conseguir rentabilidad. Si falla una de ambas condiciones, el negocio no producirá resultados tan beneficiosos" (P. Kotler. Dirección de Marketing. Edición del Milenio)

Para realizar esta evaluación hemos seleccionado los factores que permiten evaluar el atractivo del mercado y nuestra posición competitiva en ellos. Esta selección de factores responde a las mejores experiencias del Marketing, buscando adaptarse a cualquier negocio. No obstante, son susceptibles de cambiar, así como su importancia relativa, atendiendo a un tipo de negocio especifico

Factores de Atractivo del mercado.

Tamaño del mercado.

Mercado Disponible = Cantidad de clientes con interés en el producto o servicio y capacidad real de pago.

Mientras más grande sea este mercado, más favorable.

Tasa de crecimiento del mercado.

Un mercado en crecimiento es mucho más favorable que un mercado en declive. En un mercado en crecimiento (todavía no llega a la madurez) se espera que la demanda a corto, mediano y largo plazo se incremente. Los niveles de rentabilidad, rivalidad competitiva y fragmentación del mercado cambian cuando el mercado para de crecer haciendo necesario ajustar las estrategias del negocio.

Las denominadas estrategias de "Océano azul" enfocan como prioridad este criterio: inaugurar mercados.

Intensidad competitiva.

A menor intensidad competitiva más favorable resulta un mercado. La intensidad o grado de rivalidad competitiva tiene mucho que ver con el análisis sectorial de las 5 Fuerzas de M. Porter. Para evaluar este factor tendrá en cuenta la presencia de competidores directos (los que hacen lo mismo que usted), productores de sustitutos (los que ofrecen la misma solución ero con productos o servicios diferentes), los nuevos entrantes (son los que recién ingresan al mercado, más ambiciosos e innovadores).

Barreras de entradas.

Un negocio con altas barreras de entrada muestra un rendimiento mucho mayor. Si existen barreras de entrada y estas son dominadas por el emprendedor, resulta muy favorable.

Las principales barreras de entrada son:

✓ Altas exigencias de capital.
✓ Requerimientos tecnológicos.
✓ Economías de escala.
✓ Requisitos de licencias y patentes.
✓ Requisitos de imagen.
✓ Escases de terreno, materiales o distribuidores.

Barreras de salida.

Un mercado con barreras de salida altas aumenta el riesgo, disminuye la rentabilidad y la estabilidad del propio mercado. Los más favorable es que no existan barreras de salida.

Las principales barreras de salida son:

✓ Obligaciones legales o morales con clientes, proveedores y empleados.
✓ Restricciones gubernamentales.
✓ Falta de oportunidades alternativas.
✓ El bajo valor de sus activos debido a la superespecialización u obsolescencia.
✓ Elevado nivel de integración vertical (logística de suministros y distribución incluida en el negocio).
✓ Barreras emocionales.

Margen de ganancias.

La rentabilidad del negocio tiene mucho que ver con los puntos anteriores. Las Rentabilidad por Peso de Venta es un indicador que apunta a los niveles de ganancia o utilidad esperados. Los negocios con un margen o rentabilidad promedio histórica superior son los más interesantes.

A estos factores se le puede atribuir un valor de **Importancia Relativa**. La suma de todos los valores para cada factor debe totalizar 1. De esta forma asumimos que todos en conjunto explican la totalidad del atractivo del mercado.

Luego valoramos cada factor en una escala de 1 a 5. La multiplicación de esta valoración por el rango de importancia relativa del factor nos aporta la contribución de cada factor al atractivo del mercado. Sumando todos los productos se obtiene un resultado que podrá utilizarse para ubicar el negocio en la Matriz de McKinsey.

Veamos un ejemplo de tabla siguiente:

Factores Atractivo del mercado	Importancia relativa	Puntuación (1 - 5)	Valor
Tamaño del mercado	0.2	5	1
Tasa de crecimiento del mercado	0.2	2	0.4
Intensidad competitiva	0.15	3	0.45
Barreras de entradas	0.15	5	0.75
Barreras de salida	0.1	5	0.5
Margen histórico	0.2	4	0.8
	1		**3.9**

En este caso decidimos otorgar menos importancia a las barreras de salida, barreras de entrada e intensidad competitiva. Vimos en el tamaño y crecimiento del mercado, así como en su rentabilidad, los factores que pesaban más para medir su atractivo (cada empresario debe hacer un análisis particular para sus negocios).

Después de valorar cada factor obtenemos un valor de 3.9. Este punto se verá reflejado en la matriz más adelante y nos ayudará a decidir nuestra estrategia de negocio.

Factores de Posición competitiva.

Cuota de mercado.

A mayor cuota mayor liderazgo pudiéndose establecer a partir de aquí la estrategia de líder, retador, seguidor o especialista en nichos.

Crecimiento de la cuota de mercado.

Un crecimiento de la cuota indica mayor penetración y desarrollo del mercado.

Calidad del producto / servicio.

Una calidad de alto estándar y estable en las prestaciones del negocio son una condición elemental para el negocio.

Alta satisfacción y fidelización del cliente.

Sin la satisfacción y fidelidad del consumidor, sin una clientela, es difícil hablar de competitividad empresarial.

Reputación o imagen de marca.

Este factor apunta al posicionamiento del negocio, lo que queda en la mente del cliente e influye en su comportamiento de compra.

Know How valioso, escaso y difícil de imitar.

De todos los recursos con que cuenta un empresario, este es el que confiere la mayor ventaja competitiva a sus negocios. Este factor sigue la lógica del Análisis VRIO.

VRIO implica listar todos los recursos que creemos que son relevantes para competir en el mercado (tecnología, marcas, equipo y talento, patentes, cartera de clientes, capacidad financiera, etc.) e ir puntuando hasta qué punto son de Valor (V), Raros (R), Inimitables (I) y anclados en la Organización (O).

Logística de suministros y distribución.

Aseguramiento de materias primas de calidad, en forma oportuna y en cantidad suficiente. Disponibilidad y control de canales de distribución de los productos y servicios.

Capacidad productiva.

La capacidad productiva debe ser óptima, es tan negativo contar con capacidad por debajo de la demanda como contar con capacidades ociosas, por tanto, la evaluación de este factor debe tener en cuenta la relación entre capacidad y demanda.

Eficiencia productiva.

Tener en cuenta los costos unitarios preferentemente bajos (permiten libertad en cuanto a estrategias de precios), buena relación Gasto / Ingresos Totales, Costo por peso de venta, Índices de consumo, Punto de Equilibrio del negocio (a más alto punto de equilibrio debido a Costos Fijos elevados mayor riesgo en operación) Estos indicadores deben evaluarse comparando contra negocios similares o de otros sectores en función de la decisión a tomar.

Fuerza de trabajo.

Este es el activo que con su motivación, productividad y adecuado contacto con el cliente hace posible todos los resultados del negocio (en actividades de servicio este factor puede cobrar mayor peso)

Personal directivo.

Las habilidades directivas con frecuencia hacen la diferencia entre un negocio exitoso y un negocio que "pudo ser".

De forma similar a la valoración del atractivo del mercado, en este caso a estos factores se les asigna un valor de importancia relativa. La suma de todos los valores para cada factor debe totalizar 1 indicando el supuesto que todos en conjunto explican la totalidad de la posición competitiva del negocio.

Valoramos igualmente cada factor en una escala de 1 a 5. La multiplicación de esta valoración por el rango de importancia relativa del factor nos aporta la contribución de cada factor. Sumando los productos se obtiene un valor que podrá utilizarse para ubicar el negocio en la Matriz de McKinsey.

Veamos un ejemplo de tabla que sigue:

Factores Posición competitiva	Importancia relativa	Puntuación (1 - 5)	Valor
Cuota de mercado	0.1	5	0.5
Crecimiento de la cuota de mercado	0.15	1	0.15
Calidad del producto / servicio	0.1	3	0.3
Alta satisfacción y fidelización del cliente	0.15	3	0.45
Reputación o imagen de marca	0.1	3	0.3
Know How valioso, escaso y difícil de imitar	0.15	2	0.3
Logística de suministros y distribución	0.05	5	0.25
Capacidad productiva	0.05	5	0.25
Eficiencia productiva	0.05	5	0.25
Fuerza de trabajo	0.05	4	0.2
Personal directivo	0.05	4	0.2
	1		**3.15**

En este caso la Posición Competitiva del negocio en cuestión obtiene un puntaje de 3.15.

Uniendo estos valores a modo de coordenadas, podemos ubicarlos dentro de la Matriz de McKinsey (próxima página) identificando cuál sería la estrategia más idónea. Por ejemplo, las coordenadas: Atractivo del mercado **3.9**, Posición competitiva **3.15**, señalan una estrategia INVERTIR PARA CONSTRUIR, consistente en búsqueda de liderazgo, construir apoyándose en puntos fuertes y reforzar áreas vulnerables.

ATRACTIVO DEL MERCADO	POSICIÓN COMPETITIVA FUERTE (3.67 - 5.00)	POSICIÓN COMPETITIVA MEDIO (2.33 - 3.66)	POSICIÓN COMPETITIVA DEBIL (1.00 - 2.32)
FUERTE (3.67 - 5.00)	**PROTEGER POSICIÓN** Invertir para crecer sin perder rentabilidad. Esforzarse por mantener puntos fuertes.	**INVERTIR PARA CONSTRUIR** Búsqueda de liderazgo. Construir apoyándose en puntos fuertes. Reforzar áreas vulnerables.	**CONSTRUIR SELECTIVAMENTE** Especializarse apoyándose en punto fuertes. Buscar caminos de superación de las debilidades. Renunciar si aparecen indicadores de que no se mantendrá el crecimiento.
MEDIO (2.33 - 3.66)	**CONSTRUIR SELECTIVAMENTE** Invertir en segmentos atractivos. Fortalecer posición frente a la competencia. Buscar rentabilidad mejorando la productividad.	**GESTIÓN SELECTIVA BUSCANDO BENEFICIOS** Proteger el programa existente. Concentrar la inversión en segmentos con buena rentabilidad y bajo riesgo.	**EXPANSIÓN LIMITADA O COSECHA** Buscar expansión de bajo riesgo; si no la hay, minimizar inversiones y racionalizar las operaciones.
DEBIL (1.00 - 2.32)	**PROTEGER Y REENFOCAR** Gestión buscando beneficios a corto plazo. Concentrarse en segmentos atractivos. Defender puntos fuertes.	**GESTIÓN BUSCANDO BENEFICIOS** Proteger posición en los segmentos rentables. Mejorar la línea de productos. Minimizar inversiones.	**DESINVERTIR** Vender maximizando las generaciones de fondos. Disminuir costos fijos y evitar inversiones.

POSICIÓN COMPETITIVA

ATRACTIVO DEL MERCADO

CAPÍTULO 9. ADMINISTRAR PROYECTOS Y EVALUAR LA INVERSIÓN

"Trabajar mantiene a todos alertas, la estrategia proporciona una luz al final del túnel, pero la gestión del proyecto es el motor del tren que hace avanzar a la organización"

J. Gumz

"La gestión del proyecto es como hacer malabarismos con tres bolas: tiempo, costo y calidad"

G. Reiss

"A los proyectos siempre se le agota el tiempo, no las excusas".

E. Goldratt

¿Qué es un proyecto? Según una autoridad en el tema, es un "conjunto de actividades orientadas al logro de un objetivo específico que tienen un punto de partida, medio y final claros" (Goldratt, p. 24).

Algo que comienza y termina. La vida es un proyecto, emprender una iniciativa de negocio es un proyecto, prácticamente todo a nuestro alrededor se rige por la lógica de como funcionan los proyectos y, por ende, si somos buenos administrando (es decir, organizando, planeando, dirigiendo, coordinando y controlando) nuestros proyectos, entonces tendremos éxito.

Precisamente el Plan de Negocio reserva una sección para el cronograma de actividades. Iniciar un negocio requiere esfuerzo, el esfuerzo intenso del despegue y hemos de hacerlo bien pues tenemos tiempo y recursos limitados, y unas exigencias de calidad que nos condicionan.

Por esta razón puede ser útil finalizar este breve compendio con un conjunto de las más interesantes y avanzadas ideas acerca de cómo administrar nuestro proyecto de inicio de negocio.

¿Cómo lograr terminar en tiempo, dentro de nuestro presupuesto y con la calidad esperada?

"... los problemas comunes a todos los proyectos son la alta probabilidad de rebasar el presupuesto; exceder el tiempo; y comprometer el contenido" (Goldratt, p. 29).

Numerosos estudios acerca de los métodos tradicionales de gestión de proyectos, reflejan que sólo el 44% de los proyectos terminan a tiempo, que los proyectos generalmente son completados en un 222% de la duración original planificada, con el 189% del costo original presupuestado, que el 70% de los proyectos no consiguen su alcance planificado, y que el 30% de ellos es cancelado antes de su finalización.

Con métodos tradicionales para gestión de proyectos, el 30% del tiempo y recursos perdidos son generalmente consumidos por "técnicas derrochadoras" como trabajos múltiples, el síndrome del estudiante, y la falta de priorización.

Y lo peor de todo es que financieramente "los excesos son mucho menos importantes que los plazos excedido" (Goldratt, p. 64). Un exceso del 16 % en el presupuesto puede venir acompañado de un *incremento de cuatro años en el período de recuperación* debido a retrasos en el calendario de ejecución.

La excesiva protección en los proyectos.

"La incertidumbre es lo que tipifica a los proyectos. Es parte de su naturaleza, así son" (Goldratt, p. 42)

Por cada paso del proyecto, hay un estimado de tiempo; el tiempo que estimamos se tardará dicho paso, desde el inicio hasta su terminación.

¿Son nuestras estimaciones "realistas"?

La respuesta es No. Cuando estimamos el tiempo que se necesitará para realizar un paso de un proyecto no acostumbramos a utilizar distribuciones de probabilidad normal. O sea, la probabilidad de éxito de un 50 %. Esto no es aceptable.

¿Con cuál probabilidad nos sentimos a gusto? Mínimo un 80, de preferencia un 90 %. Mientras mayor es la incertidumbre, más grande será la diferencia.

La diferencia entre el 50 % de probabilidades y la estimación de tiempo que le damos a la tarea, es la protección que nos aseguramos. Si bien en términos de probabilidades hablamos de una protección entre el 30 o 40 % adicional, en términos de tiempo la protección estimada en días suele ser casi dos veces el tiempo estimado para una probabilidad del 50 % (hablamos de una protección de cerca del 200 %).

Visto en un ejemplo: si creo que una tarea X necesaria para lanzar mi negocio puede hacerse en 3 días con una probabilidad normal de éxito del 50 %, pero tengo dudas sobre esta estimación, es posible que me cubra con una duración de la tarea que ofrezca un 90 % de probabilidades de éxito, así está mejor, en días esto quizás signifique una duración de 6 días (he duplicado mi estimación de tiempo).

"Así que una protección del doscientos por ciento es más bien una norma, no la excepción" (Goldratt, p. 48). "La gente da estimaciones *realistas* de acuerdo con su peor experiencia pasada" (Goldratt, p. 50).

Mecanismos para insertar protección: 1) basarse en experiencias pesimistas, 2) si varias personas intervienen, cada nivel agrega su propio factor de protección.

Al sumarlos todos, la protección ocupa la mayor parte del tiempo estimado de un proyecto.

Tenemos un calendario con tareas cuyas duraciones son más largas que las reales. ¿Por qué no vemos la protección al concluir los proyectos?

Mecanismos que desperdician la protección.

Síndrome del estudiante.

Primero luchas por tiempo de protección y luego lo desperdicias. Comenzamos a trabajar tarde, cuando ya no hay protección de tiempo.

Asignación de tareas múltiples.

"La asignación de tareas múltiples probablemente sea el asesino más grande de los tiempos de entrega" (Goldratt, p. 131)

En el siguiente ejemplo aportado por Goldratt vemos que cada tarea tiene tiempos de entrega de diez días. Si intentamos comenzarlas todas lo antes posible cada tarea duplica su tiempo de entrega hasta veinte días.

A	B	C
10	10	10

A	B	C	A	B	C
5	5	5	5	5	5
20					

Goldratt está en contra de empezar lo más temprano posible las tareas, porque esta práctica no es garantía de un progreso certero. Es decir, el progreso real de un proyecto se da al entregar tarea terminadas al próximo paso en el proyecto, cuando el trabajo asignado se ha completado el 100%, y permite empezar la próxima tarea.

En un proyecto las tareas se vinculan, muchas van a depender de la terminación o el avance de otras y cuando sus tiempos de entrega se prolongan, la duración total del proyecto lo va a reflejar.

Técnicamente hablamos de Ruta crítica: "... la cadena más larga de pasos dependientes" (Goldratt, p. 210) define la duración del proyecto.

Ley de Parkinson.

Tendemos a tomar todo el tiempo asignado para hacer la tarea (no importa si comenzamos temprano). La duración estimada y sobreprotegida de la tarea se convierte en una profecía autocumplidora.

79

Enfoque en la Ruta Crítica.

Cuando el control de avance no distingue entre el trabajo realizado sobre la ruta crítica y el trabajo efectuado en otras rutas, el efecto es que "recompensamos iniciar cada ruta lo más temprano posible. Esta medición alienta al líder de proyecto para que comience desenfocado... el avance en una ruta compensa la demora en otra. Así que fomentamos que se avance aprisa en una ruta, aunque se retrase otra" (Goldratt, p. 76)

Esto explica por qué tantos proyectos se tardan tanto en concluir su último 10 %. Al medir el avance hemos pasado por alto la importancia de la ruta crítica.

Poner protección de tiempo en todos los pasos de un proyecto es un error que conlleva al desperdicio de este mismo tiempo por los mecanismos conocidos. "Vamos a poner la protección donde sea más útil. Vamos a colocarla de tal manera que proteja a la restricción..., tenemos que proteger la fecha de terminación de la ruta crítica" (Goldratt, p. 158).

El avance se mide sólo contra la ruta crítica: qué porcentaje de la ruta crítica ya hemos terminado. Eso es lo único que nos importa.

Factibilidad de la Inversión.

Si el proyecto que estamos administrando es una inversión, donde seguramente haremos desembolsos que esperamos capitalizar sobre la marcha del negocio, además de cuidar los presupuestos de gastos, el importante cumplimiento de los plazos de entrega o los niveles de calidad comprometidos, necesitamos hacer otro análisis:

¿Es factible esta inversión en términos económicos y financieros?

El Plan de Negocio nos decía que vamos a generar efectivo suficiente para operar y cubrir necesidades de Capital de Trabajo. Este es un dato fundamental porque defiende la rentabilidad del negocio, pero si hicimos una inversión grande en equipos, infraestructura, etc., también tendremos que saber si el flujo de caja del negocio podrá cubrir esa inversión y cuánto tiempo nos tomará. Si hay que esperar mucho quizás no sea una alternativa interesante para los inversionistas.

Periodo de Recuperación de la Inversión.

Los periodos de recuperación se usan comúnmente para evaluar las inversiones propuestas. Las empresas pequeñas lo usamos para evaluar la mayoría de los proyectos. Su gran aceptación se debe a la sencillez de los cálculos que implica y a su atractiva dosis de intuición.

El Período de Recuperación comúnmente se utiliza para evaluar inversiones en proyecto. "El periodo de recuperación es el número de años necesario para recuperar la inversión neta" (Gitman, p. 318).

$$\text{Período de Recuperación} = \frac{\text{Inversión Neta}}{\text{Entrada Anual de Efectivo (Real o Promedio)}}$$

Si el periodo de recuperación de la inversión es menor que el periodo de recuperación máximo aceptable, se acepta el proyecto.

Es el empresario quien determina el periodo de recuperación máximo aceptable de la inversión. Este valor se establece subjetivamente con

81

base en diversos factores, incluyendo el tipo de proyecto (expansión, reemplazo, renovación) y el riesgo percibido en el Proyecto.

Al medir la rapidez con que se recupera la inversión inicial, el periodo de recuperación de la inversión también considera de manera implícita la exposición al riesgo. Cuanto más tiempo debamos esperar para recuperar sus fondos invertidos, mayor será la posibilidad de que ocurra un percance.

Por lo tanto, cuanto más corto sea el periodo de recuperación de la inversión, menor será la exposición de la empresa al riesgo.

BIBLIOGRAFÍA

Gitman, L. J. .: Fundamentos de Administración Financiera. Harla, México, 1984.

Godet, M.: La Caja de Herramientas de la Prospectiva Estratégica. GERPA, cuarta edición actualizada. París, 2000.

Goldratt, E. M.: Cadena crítica. The North River Press, Great Barrington, Edición ampliada, 1997.

Hammel, G. y C. K. Prahalad: "El Propósito Estratégico" en Harvard Deusto Business Review, 1º trimestre, 1990. pp. 75-94.

Kotler, P.: Dirección de Marketing. Análisis, Planificación, Gestión y Control. 7ma Edición, Prentice Hall, Madrid, 1992.

Peters, T. y N. Austin: Pasión por la Excelencia. Folio, Ediciones S. A., 1987.

Porter, M. E.: Competitive Advantage. The Free Press, Nueva York, 1985

Ries A. y J. Trout: Posicionamiento. McGraw-Hill Interamericana, edición revisada. 1997.